n° 27/18576

DISCOURS

PRONONCÉS

SUR LA TOMBE DE M. SAVART,

FABRICANT DE BRONZES,

LE 7 NOVEMBRE 1828.

Si quelque chose peut soulager la douleur d'une famille plongée dans la plus cruelle affliction, ce sont les témoignages qu'elle a pu recueillir de l'estime et de l'affection que l'on portait à celui qu'elle a perdu : c'est ce motif qui a engagé la famille de M. Savart à faire imprimer les discours qui ont été prononcés sur sa tombe.

Les funérailles de M. Savart ont été remarquables par le grand nombre de personnes qui y ont assisté ; on en comptait au moins quatre cents dans l'église, et à peu près trois cents personnes se sont rendues au cimetière. La famille Savart, pénétrée de ce qu'elle doit à un témoignage d'attachement si honorable, se fait un devoir de leur offrir l'expression bien sincère de sa plus sensible reconnaissance.

NOTICE NÉCROLOGIQUE.

D'un pieux souvenir entourons la mémoire
De l'ami que chacun envia pour le sien ;
Des vertus de SAVART faisons notre entretien :
Que l'amitié ressente, en lisant son histoire,
Tout ce qu'elle a perdu dans cet homme de bien !

L'HOMME que nous avons perdu, et dont le souvenir ne pourra se perdre, naquit à Paris, en 1780, de Pierre Savart, célèbre graveur en taille-douce, élève et émule de Fiquet, dont il égala et surpassa quelquefois même le talent. On lui doit une nombreuse collection de portraits des grands hommes du siècle de Louis XIV. Il mourut sans fortune en 1781, à l'âge de 32 ans, laissant deux fils, Pierre Savart * et François-Louis Savart, notre ami, encore au berceau.

Le peu de moyens qui restaient à sa mère ne permirent pas qu'il reçût une longue éducation ; il n'avait pas 9 ans, qu'elle s'occupa de son sort à venir, et le mit en apprentissage chez un fabricant d'instrumens de mathématiques : il entra par suite chez M Lenoir, son parent, mathématicien habile, où il se perfectionna.

A peine avait-il atteint sa quatorzième année, que la mort lui enleva ce dernier soutien maternel dont son âge avait besoin, mais que son caractère, déjà réfléchi, sut remplacer par une raison peu ordinaire, qui décelait dès-lors ce que depuis nous avons tous apprécié en lui.

Élève prématuré des peines de la vie, orphelin et ouvrier, il put de bonne heure connaître la destinée de l'homme, ses chagrins par ses propres maux, et ses jouissances par ses vertus.

* Il mourut à Marengo.

Peu de tems avant qu'il ne perdît sa mère, il fut placé par elle, ainsi que son frère, à la commission des armes ; le jeune *Louis* s'y rendit remarquable, autant par l'attachement tout particulier qu'il portait à son aîné, dont il était inséparable, que par sa conduite sage et son travail parfait : actif, laborieux, doux et aimant, on s'étonnait, au milieu d'un si grand nombre d'ouvriers, si différens les uns des autres de principes et de mœurs, de rencontrer en lui l'homme déjà, dans l'âge d'un enfant : exact à ses devoirs, il était toujours le premier à les remplir ; ce fut ainsi qu'il passa l'âge d'adolescence.

Sorti enfin de ces mêmes ateliers, après avoir essayé successivement différentes parties sans s'y fixer, il entra chez MM. Jecker frères, hommes d'un mérite connu, dont il fut l'ouvrier et l'ami ; il ne les quitta que pour prendre presque aussitôt la profession de fabricant de bronzes, qu'il a honorée jusqu'à son dernier soupir, par son industrie, sa loyauté, sa justice, ce charme commercial qui lui appartenait, et l'intérêt toujours croissant qu'il portait à la Société des Fabricans de Bronzes, dont il fut l'un des fondateurs, et à laquelle il a légué et son exemple et son intégrité.

Il était de ces hommes que la nature, pour ainsi dire, semble se créer pour sa gloire ; elle l'avait trop distingué du vulgaire pour ne pas l'avoir formé au-dessus de quelques autres : malheureusement, elle ne l'avait pas doué d'une constitution forte ; né délicat, sa sobriété et ses mœurs furent sa santé en tout tems ; mais elle lui avait donné un cœur excellent, une conscience sans reproches et un esprit profond, dont le jugement était toujours sain : aussi jugea-t-il son bonheur à venir dès qu'il le vit présent ; c'est aussi cela qui caractérise principalement les rares vertus qui l'ont rendu si estimable à ceux qui ont pu le connaître dans son intérieur.

A 21 ans, il entreprit donc la tâche la plus noble et la plus honorable, celle de sauver du malheur trois orphelins en bas âge, en donnant son respectable nom à leur bonne mère, dont il ne cessa de faire le bonheur, qu'il recevait constamment d'elle.

C'est là que l'homme doit être vu dans toute la pureté des sentimens de l'homme de bien !

Jeune encore et déjà père de famille, ses premiers soins paternels furent pour les enfans qu'il avait adoptés : les siens ajoutèrent un éclat de plus aux qualités si rares qu'il possédait ; il les aima tous également. Jamais les moindres nuances d'intérêt ni d'amour ne distinguèrent le père des uns de celui des autres ; ils étaient mêlés et confondus dans son cœur : égal pour chacun d'eux, ils avaient même éducation, mêmes plaisirs, mêmes droits à sa prévoyante sollicitude, qui, dans ses projets d'établissement, les classait tous sur la même ligne.

Si nous le suivons un instant dans son intérieur, au milieu de sa double famille confondue, nous le verrons désirer et aimer les caresses de l'une comme celles de l'autre, souriant à leur gaîté ou prêtant l'oreille à leur raison, s'occupant à la fois de tout, de son épouse, de ses enfans, de son commerce et de ses amis : rien ne languissait en lui ; il avait le cœur aussi actif que la tête, et le désir du bien animait tous les deux.

Pour mieux juger ce cœur modèle, rappelons-nous tout ce qu'il fit pour conserver près de lui son fils adoptif ; jamais père le meilleur n'en aurait pu faire plus ! Rien ne lui coûta : peines, fatigues, démarches de tout genre, argent, tout fut employé pour le sauver du sort qui l'appelait aux armées de 1813.

Enfin, après les inquiétudes les plus vives d'une tendresse toute paternelle, il éprouva le plaisir de compter un bienfait de plus, et la joie de conserver un fils, dont la reconnaissance, fidèle mémoire du cœur, honora toujours en lui son bon père et son meilleur ami.

Tout souriait à ses douces espérances ; la félicité l'entourait au milieu de ses enfans ; leur avenir l'occupait ; mais sans lui présager aucun chagrin. Quelques années heureuses se passèrent ainsi, traversées seulement par les tracas habituels des affaires.

Dans cet espace de tems, qui sépara ses plaisirs de ses peines, tous ses momens étaient employés par ses soins à tous les siens, sa vigilante activité à ses travaux, toute sa personne à ses amis.

Il soulageait le malheureux qui se présentait à lui ; soutenait, par des secours de tout genre, une nombreuse famille dont il prenait soin de chacun ; sauvait l'infortuné au désespoir que quelques momens encore allaient détruire, en le rendant à son devoir, à ses enfans, lui faisant accepter tout ce dont il avait besoin pour conserver et l'honneur et la vie.

Son cœur, enfin, s'alimentait chaque jour de bienfaits et de son bonheur paternel, quand le sort vint en troubler le cours et le déchirer dans ses plus tendres affections ! En moins de deux ans et demi *, il eut à pleurer la perte d'un fils de seize ans, le seul qui lui restait de son nom, et de deux filles, toutes deux jeunes épouses et mères.

La sensibilité qu'il connaissait à ceux qu'il conservait encore, et son courage dans l'adversité, lui imposèrent le devoir de leur cacher ses longues douleurs et de les comprimer en lui-même : il les dévora plutôt que de les éteindre. Sa vie active l'avait sensiblement vieilli ; trop d'affaires l'occupaient à la fois. Il songeait enfin à jouir du fruit de tant de fatigues ; il y pensait..... Mais hélas ! il ne devait pas connaître le repos qu'il avait si laborieusement gagné ! Il fut atteint par une maladie funeste, dont les effets destructeurs usèrent peu à peu le reste d'une vie qu'il nous avait appris à chérir, et qu'il n'a quittée qu'après l'avoir honorée des plus belles vertus du cœur, de l'esprit et de l'ame ! Il est mort à quarante-huit ans, laissant après lui un nom bien cher, et tous les souvenirs d'amitié, de respect et d'estime de tous ceux qui ont pu le connaître, et dont ils l'entoureront toujours !!!

Z. C.

* D'août 1822, jusqu'en février 1825.

DISCOURS

Prononcé par M. D'Artois Fils,

Président de la Réunion des Fabricans de Bronzes.

Messieurs,

Bien peu de tems s'est écoulé depuis que nous avons eu le malheur de perdre un de nos confrères qui nous était bien cher, et nous voici encore aujourd'hui rassemblés dans la même enceinte, en déplorant une nouvelle perte qui, pour nos cœurs, n'est ni moins cruelle, ni moins généralement sentie.

Ce bon Mr Savart, ce digne père de famille, cet estimable confrère, enfin cet excellent homme, sous tous les rapports, a cessé de vivre!

Messieurs, je ne viens pas en cette circonstance remplir une simple formalité que l'usage semble avoir introduite dans certaines corporations, en prononçant devant vous un éloge funèbre.

Mr Savart n'est pas un de ces hommes qui ait besoin d'être loué après sa mort, pour que l'on conserve de lui quelque souvenir.

C'est l'amitié bien vraie que je lui portais, c'est la reconnaissance que lui doit la Réunion des fabricans de bronzes, pour tout ce qu'il a fait de bien en sa faveur, qui m'engagent à vous entretenir de lui dans ce dernier moment, où ses restes mortels vont pour jamais disparaître à nos yeux.

Vous savez tous comment Mr Savart employait sa vie : il avait su se concilier l'estime et l'amitié de tous ceux qui le connaissaient, parce qu'il avait une ame obligeante et serviable, et une affabilité qui le faisait accueillir de toutes les personnes susceptibles d'avoir quelques relations avec lui.

Seul artisan de sa fortune, il l'avait acquise par son travail, son assiduité, son intelligence, et sa manière loyale et engageante de traiter les affaires.

Bon époux, il a constamment fait le bonheur de la femme qu'il chérissait, autant qu'il en était aimé lui-même.

Bon parent, il avait su pourvoir au bien-être de toute sa famille dont il possédait toute la tendresse, et dans cette heureuse famille il se plaisait à comprendre, sans distinction, son beau-fils, en prenant le soin de ses intérêts, et en agissant toujours avec lui comme un bon père.

Excellent ami, non seulement il était vraiment obligeant, mais on trouvait encore infiniment de charmes dans son intimité, parce qu'il était d'un caractère aimable et n'employait jamais que des formes gracieuses et prévenantes.

Confrère toujours loyal et souvent généreux, on

l'a vu dans maintes occasions déployer toute son officieuse activité pour être utile, et parfois consulter moins son intérêt que celui des confrères auxquels il avait l'intention de rendre service.

Il était aussi dévoué de cœur à la Réunion des Fabricans de Bronzes.

Nommé plusieurs fois délégué, il en a toujours rempli les devoirs avec un zèle et une ardeur remarquables. Dernièrement encore il avait été élu trésorier, et il s'occupait très-activement du travail qui lui était confié.

Dans la circonstance qui s'est récemment présentée, d'exercer un acte extraordinaire de bienfaisance, en faveur du nommé Vandé, c'est sur sa proposition qu'a été faite la collecte que nous avons si généreusement remplie, et il s'était aussi offert le premier pour être un des délégués à la recueillir.

Mais la cruelle maladie qui est venue l'atteindre, et dont il a été la victime, a pu seule le forcer de suspendre plutôt que de cesser ses fonctions, car il continuait, même étant dans son lit, à s'occuper des affaires de la réunion.

En outre de tous les biens qu'il a fait, on pouvait espérer qu'il vivrait plus long-tems pour en faire encore. Il avait un jugement très-sain, et des intentions pures, toujours dirigées vers l'avantage de ceux auxquels il s'intéressait.

Messieurs, la meilleure manière d'honorer le souvenir de tels hommes ne consiste pas à leur donner des regrets malheureusement superflus, mais bien à suivre l'exemple qu'ils nous ont donné, en continuant leurs bonnes actions; et puisque la faux du tems qui ne respecte rien, semble, en éclaircissant nos rangs, moissonner de préférence les hommes les plus utiles, tâchons de les remplacer de notre mieux en travaillant chacun de notre côté à remplir la noble tâche qu'ils s'étaient imposée, et qu'ils nous lèguent après eux.

Puissent ces sentimens que nous partageons tous être agréables à la mémoire de Mʳ Savart, ce brave et digne confrère qui justifiait si bien l'attachement unanime que nous avions pour lui.

La douleur que sa perte nous cause est profonde, et nous ressentirons pendant long-tems tout le vide qu'il laisse parmi nous.

Qu'il jouisse dans l'éternité du bonheur réservé à l'homme de bien, et qu'à tant de titres il a su mériter!

M. Laguesse

A PRONONCÉ, DE LA VOIX LA PLUS ÉMUE, LE DISCOURS SUIVANT :

Messieurs,

Vous venez d'entendre avec une émotion profonde les touchantes paroles de M^r le Président de la société des Fabricans de Bronzes. Je viens prier MM. les Négocians et MM. les Horlogers, qui sont ici présens, de vouloir me permettre d'être leur organe. Nous aussi nous avons besoin de faire entendre les sentimens dont nos cœurs sont remplis. Vous m'accorderez votre indulgence, parce que c'est votre douleur qui écoutera la mienne. Beaucoup d'entre vous connaissent l'amitié qui m'unissait à l'excellent homme que nous venons de perdre dans un âge si peu avancé ; vous le sentirez, les larmes abondent et les paroles arrivent avec peine quand on a à déplorer la perte d'un intime ami ; le devoir que ce titre m'impose peut seul soutenir mon courage.

Vous le savez tous, Messieurs, Mr Savart s'est distingué dans son état par des qualités remarquables ; il a honoré sa maison par sa capacité et sa loyauté ; sa probité inspirait la plus grande confiance à tous ceux qui étaient en relation avec lui ; on sentait d'abord que la justice était son guide. Cette opinion était si bien établie, que, lorsqu'il survenait quelque contestation à décider, non seulement parmi ses connaissances, mais même parmi des personnes qui ne le connaissaient qu'indirectement, chacun désirait de l'avoir pour arbitre. C'est, en peu de mots, le plus bel éloge d'un honnête homme.

Il est ici une voix éloquente qui suppléera à la faiblesse de mes expressions ; c'est celle des regrets si vifs et si nombreux de tous ceux à qui il a rendu des services. Mais il y aura plus que des regrets ; on sentira long-tems, on sentira toujours le vide que sa perte nous laissera ; et dans ses embarras, dans ses contrariétés, dans ses peines, on se dira souvent : Ah ! si j'avais encore mon bon Savart !

Oui, messieurs, c'est surtout la bonté de son cœur que je puis vous faire connaître ; la nature ne l'avait pas seulement organisé pour le succès des affaires de commerce, elle l'avait organisé pour être utile aux autres. Il se multipliait, il était infatigable, il était admirable par son ardeur et ses heureuses inspirations, lorsqu'il s'agissait de rendre un service, ou de faire un acte de bienfaisance. Souvent vous avez dû vous dire, lorsque vous le saviez chargé de tant d'occupations : Comment peut-il avoir tant de momens et tant d'idées pour le service des autres ?

Son corps était actif, son ame aimante l'était bien davantage. Celui qui, dans une longue intimité, l'a connu à fond, peut vous répéter avec conviction ce qu'il disait lui-même, que *l'on ne l'avait pas assez compris* ; je puis ajouter, je puis assurer qu'on ne *l'a pas connu tout entier*.

Il était bon citoyen, le bonheur de son pays lui était cher ; il adoptait les principes qui élèvent l'espèce humaine, mais il aimait tout ce qui était conçu par un esprit de justice et de modération. Il était l'ami vrai, l'ami zélé de tout ce qui pouvait contribuer à l'ordre et au bien-être public.

Il était l'époux le plus affectueux et le plus tendre, toujours attentif à garder pour lui les épines de la vie, pour les épargner, autant qu'il le pouvait, à sa bonne compagne ; s'oubliant sans cesse pour s'occuper avec l'inquiétude la plus minutieuse de tout ce qui pouvait lui éviter la moindre peine et contribuer à la douceur et à l'agrément de son existence. Ma pensée deviendra la vôtre en ce moment, et vous sentirez avec moi combien elle doit être cruelle la séparation quand on vivait si bien uni.

Il était le meilleur des pères ; les larmes qui m'environnent et que ses fils répandent avec tant d'abondance, et que je crains d'augmenter, l'attestent mieux que je ne puis le faire.

Il est encore une autre qualité dont je dois vous entretenir, parce que personne n'a été plus que moi à même de la connaître. C'est une dette que j'acquitte en déposant sur sa tombe, en décorant son cercueil de ces bienveillantes pensées dont j'ai été si souvent dépositaire, et que les préventions qui naissent d'intérêts opposés ont pu quelquefois méconnaître.

M⁓ Savart possédait, à un degré qui n'est pas ordinaire, toutes les qualités qui composent un bon confrère.

Souvent je l'ai entendu dire à son fils, son élève : « Mon ami, ne critique jamais les ouvrages des » autres; il faut toujours les juger avec la bienveil- » lance que nous voudrions que l'on eût pour les » nôtres. » Il me disait souvent, à moi-même : « J'aurais désiré exécuter telle idée, mais elle se » rapproche de l'exécution d'un de mes confrères et » j'y ai renoncé. » Lorsque je lui disais : « Tel mo- » dèle a du succès, et sera favorable à son auteur. » Il me répondait avec cette effusion de cœur qui en prouve la vérité. « Tant mieux, tant mieux, je suis » bien aise qu'on réussisse. »

Puissent ces mots si simples, mais si recommandables et si conformes à vos véritables intérêts, vous inspirer à tous, MM. les Fabricans de Bronzes, les mêmes sentimens qu'il avait pour vous; pénétrez-vous de sa pensée, que l'association que vous avez formée, et qui mérite de servir de modèle, est un pacte de famille qui doit vous unir tous.

L'homme à qui la nature avait donné un cœur si bon, a dû quitter la vie avec regret; il sentait tout le bien qu'il pouvait et qu'il aurait voulu encore faire. Mais si l'inexorable mort a pu, dans son injuste et fatale rigueur, éteindre trop tôt le souffle d'une vie si honorable; ce cœur où il y avait tant d'ame, émanation céleste qui est impérissable, ce cœur doit battre encore pour le bonheur de ceux qu'il a aimés. Nous ne l'avons pas perdu tout entier: sa mémoire, source féconde d'excellentes pensées, restera vivante parmi nous; il deviendra l'héritage de votre société, MM. les Fabricans de Bronzes, par les utiles souvenirs qu'il vous a laissés.

Adieu, mon cher et bon Savart, je n'oublierai jamais les soins que tu m'as rendus, lorsque j'étais souffrant; je n'oublierai jamais que tu fus pour moi le meilleur et le plus véritable des amis; et partout où j'entendrai prononcer ton nom, je l'entourerai du tribut de mon estime, de ma reconnaissance et de mon affection.

Adieu! mon brave et digne ami, adieu!

DISCOURS
Prononcé par M. Blavet.

Messieurs,

C'est un devoir bien pénible à remplir que celui d'accompagner, jusqu'à sa tombe, la dépouille mortelle d'un confrère, d'un ami ! Ce jour est pour la Réunion des Fabricans de Bronzes un jour de deuil ; elle perd, en la personne de Savart, l'un de ses membres les plus recommandables et des plus zélés. Il était digne, par sa belle ame, de faire partie d'une institution dont tous les actes ont pour but la bienfaisance. Vous le savez, messieurs, lorsqu'il s'agissait d'une bonne œuvre, il était toujours un des premiers à s'offrir pour y contribuer, non seulement de sa bourse, mais encore de sa personne. Ce fut pour lui un véritable chagrin, pendant le cours de sa maladie, de n'avoir pu faire les démarches auxquelles il s'était engagé pour recueillir la collecte que vous aviez arrêtée en faveur d'un malheureux jeune homme qu'un événement funeste a privé d'un bras.

L'opinion commune attribuera la mort prématurée

de Savart à son excessive activité : cette opinion peut n'être pas sans fondement. Né extraordinairement laborieux, et se trouvant, très-jeune encore, chef d'une famille adoptive assez nombreuse, bientôt augmentée de ses propres enfans, et voulant assurer le bonheur de tous, il a déployé, sans ménagement, toutes les ressources de son intelligence et l'activité de sa jeunesse. Tant d'efforts ont pu porter atteinte à ses forces physiques ; mais l'on se tromperait fort, si l'on croyait que ce fut la cause de la cruelle maladie qui enlève, à sa famille et à ses nombreux amis, cet homme digne de tous les regrets : la source en a été dans ses affections morales. Nous avons tous été témoins des tribulations de ce tendre père par les pertes successives qu'il a faites, dans l'espace de peu d'années, de trois enfans dignes en tout d'un si digne père, et tous les trois à la fleur de leur âge. Quels déchirans chagrins pour le cœur d'un père aussi éminemment bon, aussi éminemment sensible ! Trop affectionné au reste de sa famille pour lui faire partager, en les lui dévoilant, tous les chagrins dont son ame était dévorée, il les a concentrés en lui-même, et c'est cette concentration de chagrins qui, ayant affecté chez lui les principaux organes de la vie, a donné naissance à la funeste maladie dont il vient d'être la victime.

Ayant eu le bonheur d'être long-tems dans une grande intimité avec ce respectable ami, c'est de lui-même que je tiens une partie des particularités dont je viens de vous entretenir.

Nous venons, messieurs, de rendre les derniers devoirs à notre ami commun ; il ne nous reste plus qu'à joindre nos vœux à ceux de sa famille désolée, pour que cet homme de bien trouve, dans une autre vie, le bonheur dont il fut si digne par ses vertus.

Disons-lui ensemble un éternel adieu.

Nota. M. BLAVET n'ayant pu, à cause de son grand âge, et plus encore à cause de sa douleur, prononcer ce discours, M. GALLE, son confrère, a bien voulu se charger de faire cette lecture. Après l'avoir faite, M. GALLE a ajouté l'improvisation suivante :

Qu'il me soit permis, messieurs, d'ajouter quelques mots aux expressions d'estime et de regrets que vous venez d'entendre.

Qu'il serait à désirer que ces hommages mérités pussent être, en quelque sorte, empreints et gravés dans l'air qui environne cette tombe ! Quelle douce consolation pour sa famille, chaque fois qu'un douloureux anniversaire la ramènera ici, d'y retrouver les marques d'estime données à cet homme de bien !

La douleur ayant empêché M. DENIERE, un des plus intimes amis de M. SAVART, de pouvoir prononcer son discours, la famille l'a fait prier de vouloir bien le lui remettre, afin de pouvoir le réunir à ceux qui ont été prononcés.

Discours

DE M. DENIÈRE.

Messieurs,

C'est une tâche à la fois pénible et consolante pour mon cœur de vous entretenir encore, en ce lieu, de la perte que nous venons de faire; pénible, car quelles paroles employer pour exprimer de si justes regrets; consolante, puisqu'on aime à parler, même au-delà du tombeau, de ceux que l'on chérit. Que peuvent à la vérité ajouter les discours à la réputation d'un homme de bien? Mais il est des devoirs pieux imposés à l'amitié, à la reconnaissance, à la confraternité. L'hommage rendu à la cendre d'un ami vertueux, est l'acquit d'une dette sacrée, un motif d'émulation pour ceux qui lui survivent, un soulagement à leurs douleurs. Qu'à tous ces titres, il soit permis à celui qui s'honore d'avoir été vingt ans l'ami, le collègue de monsieur Savart, d'élever sa foible voix pour honorer sa mémoire, et de rappeler à votre souvenir quelques-unes des qualités qui distinguaient son cœur.

Monsieur Savart commença seul son établissement,

et par ses talens et son activité le conduisit à un certain degré de prospérité. Entièrement dévoué à ses confrères, son tems était toujours à ses amis, souvent même on l'a vu négliger ses propres affaires pour rendre service; d'autant plus généreux qu'il cachait sa main bienfaisante, et que ses plus belles actions sont encore inconnues. Doué d'un jugement très-sain, ses conseils pourraient être des règles de conduite. Si nous le suivons dans l'intérieur de sa famille, nous y verrons un tendre père occupé du bonheur de son épouse et de ses enfans, dont la perte prématurée lui porta un coup terrible; chagrin d'autant plus cuisant qu'il était concentré, et qui, joint aux fatigues de ses travaux, le mina sourdement et abrégea sa vie. Quelques mois avant de mourir, il se berçait encore dans des rêves de bonheur; il espérait jouir du fruit de tant de peines, d'un repos obtenu par tant de soins; il espérait enfin parvenir à la vieillesse, entouré de sa famille et de ses nombreux amis, que ses qualités lui avaient acquis. Hélas! il se trompait; les progrès de sa maladie l'avertirent qu'il fallait quitter une terre où ses derniers regards voyaient encore des malheureux à soulager; car son dernier soupir fut encore un vœu pour l'humanité; le cours de ses bienfaits devait cesser avec sa vie!

Pour moi, messieurs, qui fus son ami sincère, qui, pendant vingt ans, trouvai dans sa société le charme de ma vie, qui, chaque jour, épanchais dans le sein d'un ami discret les plus secrètes pensées de mon cœur, mes regrets sont plus faciles à comprendre qu'à exprimer.

Adieu donc, excellent ami! tu n'est plus! nous ne te verrons plus; mais le souvenir de tes vertus nous reste et nous engage à t'imiter. Pourrions-nous oublier ta personne chérie? non, jamais! tu seras toujours cité comme le modèle des époux et des pères, et jamais sans attendrissement tes amis ne se rappelleront ton nom. ADIEU!

Paris.—Imprimerie de DONDEY-DUPRÉ, rue Saint-Louis, n° 46, au Marais.

www.ingramcontent.com/pod-product-compliance
Lightning Source LLC
Chambersburg PA
CBHW060933050426
42453CB00010B/1989